DINOSAURIER BACKBUCH

LOVE FOOD™

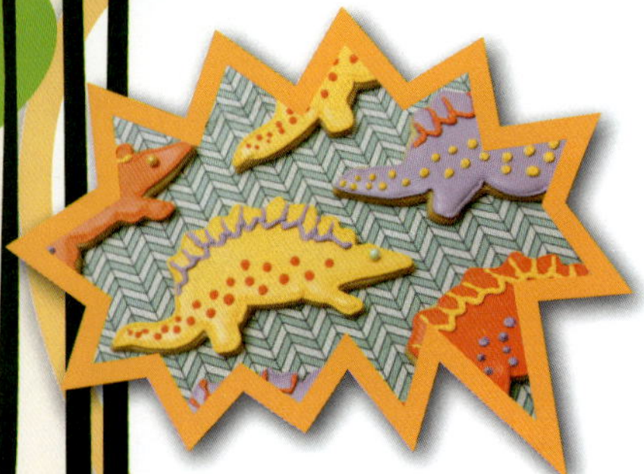

INHALT

EINLEITUNG

Zutaten abwiegen, Teig kneten, ausrollen, lustige Figuren ausstechen und die fertigen Plätzchen schön verzieren – das macht allen Kindern Spaß. Beim Plätzchenbacken können sich die kleinen Bäcker richtig ausleben, es wird eifrig genascht, und es geht auch mal etwas daneben. Doch was soll's, wenn man kreativ sein kann und die Vorfreude auf selbst gebackene Plätzchen riesig ist?

Welche Aufgaben die Kleinen beim Plätzchenbacken übernehmen können, hängt von ihrem Alter und ihrer Erfahrung in der Küche ab. Wir haben die Arbeitsschritte, bei denen die Hilfe von Erwachsenen gefragt ist, daher mit einem Symbol markiert. Wenn mit heißen Dingen, scharfen Werkzeugen oder elektrischen Geräten hantiert wird, sollte die „Bäckermeisterin" immer ein Auge auf die Kinder haben.

Vor dem Backen ...

- das Rezept genau durchlesen.
- die Hände waschen und eine Schürze anlegen (Chaos ist vorprogrammiert).
- die Zutaten abwiegen und sich exakt ans Rezept halten.

Haben Sie alle Utensilien beisammen? Wir haben für Sie eine Liste mit den wichtigsten Gerätschaften zusammengestellt (weitere Dinge stehen in der jeweiligen Rezeptliste):

- Handmixer
- runde Ausstecher
- Kuchengitter
- Spritzbeutel und -flaschen mit Tüllen
- Backbleche und Backpapier
- Holzlöffel und Teigspatel
- Teigroller
- Sieb
- Cocktailspieße

NOCH FRAGEN?

Aus dem Grundteig rechts entstehen leckere Butterkekse mit Vanillegeschmack. Gleichzeitig ist es das Basisrezept für die meisten Plätzchen in diesem Buch.

Warum muss der Teig zweimal gekühlt werden?

Gekühlter Teig lässt sich leichter ausrollen und ausstechen.

Damit die Kekse beim Backen nicht auseinanderlaufen, werden die ausgestochenen Kekse ein zweites Mal in den Kühlschrank gestellt. Kühlen Sie den Teig vor dem Ausrollen und vor dem Backen jeweils mindestens 10 Minuten bis höchstens 2 Stunden.

Woran erkenne ich, dass die Plätzchen durchgebacken sind?

Da die Backzeit von Rezept zu Rezept und von Ofen zu Ofen unterschiedlich ist, sollten Sie nach Ablauf der Mindestbackzeit einen Blick auf die Plätzchen werfen, denn sie verbrennen leicht! Als Faustregel gilt (Ausnahme sind Plätzchen mit Kakao oder Lebensmittelfarbe): Die Kekse sind fertig, wenn sie am Rand goldgelb sind. Prüfen Sie, ob die Ränder fest sind oder berühren Sie die Kekse leicht mit einem Spatel, um festzustellen, ob sie schon durchgebacken sind.

GRUNDTEIG

Ergibt 1 Teigportion

Zutaten

200 g weiche Butter
150 g Zucker
1 großes Ei
2 TL Vanilleextrakt
400 g Mehl

1. Butter und Zucker in einer Rührschüssel mit einem Handmixer gut verrühren.

2. Ei und Vanilleextrakt mit einem Holzlöffel untermengen.

3. Das Mehl in die Schüssel sieben und alles zu einem groben Teig verrühren.

4. Den Teig zu einer Kugel formen, in Frischhaltefolie wickeln und mindestens 10 Minuten in den Kühlschrank legen.

STEHENDER T-REX

Ergibt 2 Stück

Zutaten

1 Portion Grundteig (s. Seite 5)

2 EL Melasse

1 TL Ingwerpulver

Zum Dekorieren

225 g Fondant

Puderzucker, zum Bestäuben

grüne und schwarze Pastenfarbe

Tubenzuckerguss in Grün, Schwarz und Weiß

essbare Goldperlen

Weitere Utensilien

vierteilige T-Rex-Ausstechform

1. Zwei Backbleche mit Backpapier auslegen.

2. Den Grundteig herstellen (s. Seite 5), jedoch mit dem Ei noch Melasse hinzufügen und das Ingwerpulver mit dem Mehl in den Teig sieben.

3. Den Teig auswickeln, zwischen zwei Stücke Backpapier legen und 5 mm dick ausrollen. Den Teig dabei ein paar Mal umdrehen. Die vier Ausstechformen leicht mit Mehl bestäuben und mit jeder Form je zwei Kekse ausstechen – jeder T-Rex besteht aus vier Teilen. Wenn nötig die Teigreste erneut ausrollen.

4. Die Kekse mit einem Palettenmesser auf die vorbereiteten Bleche legen und zwischen den Keksen etwas Platz lassen. 10 Minuten in den Kühlschrank stellen – dadurch behalten die Plätzchen beim Backen besser die Form. Den Backofen auf 180 °C vorheizen.

5. Die Plätzchen 15–18 Minuten im vorgeheizten Ofen backen, bis die Ränder goldbraun sind. Ein paar Minuten auf den Blechen abkühlen lassen, dann auf einem Kuchengitter vollständig auskühlen lassen. Als Vorbereitung auf Schritt 9 die Ofentemperatur auf 120–140 °C senken.

6. Den Fondant grün einfärben, indem man nach und nach Farbe mit einem Cocktailspieß zufügt und die Farbe unterknetet. Sofort verwenden oder in Frischhaltefolie wickeln.

STAMPF SIE AUS!

7. Eine Arbeitsfläche mit Puderzucker bestäuben und den Fondant darauf 2 mm dick ausrollen. Mit den Ausstechformen dieselbe Anzahl Formen ausstechen wie beim Plätzchenteig. Die Fondantstücke nacheinander auf einer Seite leicht mit gekochtem, abgekühltem Wasser bestreichen und auf die passenden Kekse legen. Die Oberseite der Stücke glatt streichen, falls Abdrücke der Ausstechform zu sehen sind.

8. Zu den grünen Fondantresten nach und nach mit Cocktailspießen mehr grüne und schwarze Pastenfarbe geben und diese anschließend gründlich unterkneten, bis ein gleichmäßiges Dunkelgrün entstanden ist.

9. Den dunkelgrünen Fondant dünn ausrollen und verschieden große Dreiecke ausstechen. Mit Wasser anfeuchten und auf den Rücken, die Beine und den Schwanz kleben. Die Goldperlen mit einem Tropfen grüner Tubenglasur an den T-Rex kleben. Für das Auge einen Tropfen schwarze Tubenglasur aufspritzen und eine Goldperle aufkleben. Mit der weißen Tubenglasur entlang des Mauls Zähne aufspritzen. Alle Kekse auf die Backbleche verteilen und bei niedriger Temperatur im Ofen etwa 40 Minuten trocknen und fest werden lassen. Vollständig auskühlen lassen.

10. Die T-Rex-Einzelteile vorsichtig zusammensetzen. Damit alles passt, muss man an einigen Stellen mit einem Messer etwas Fondant oder Keks abschneiden.

TIPP!

Mit anderen Farben, wie zum Beispiel Blau und Orange, sieht der T-Rex auch toll aus.

BRÜLLENDER
T-REX!

DINO-AUGEN

Ergibt 32 Stück

Zutaten

1 Portion Grundteig (s. Seite 5)

20 Zitronenbonbons

32 flache kleine rote oder schwarze Bonbons (am besten mit Loch in der Mitte)

Weitere Utensilien

runder Ausstecher mit 7,5 cm Ø

runder Ausstecher mit 2,5 cm Ø

1. Zwei Backbleche mit Backpapier auslegen.

2. Den Grundteig herstellen (s. Seite 5).

3. Den Teig auswickeln, zwischen zwei Stücke Backpapier legen und 5 mm dick ausrollen. Den Teig dabei ein paar Mal umdrehen. Mit der 7,5-cm-Ausstechform 32 Kreise ausstechen und die Teigreste wenn nötig verkneten und nochmals ausrollen.

4. Die Kekse mit einem Palettenmesser auf die vorbereiteten Backbleche legen, dann mit dem 2,5-cm-Ausstecher mittig aus den Keksen Kreise ausstechen. Die Plätzchen 10 Minuten in den Kühlschrank legen und währenddessen den Backofen auf 180 °C vorheizen.

5. Die Zitronenbonbons in einen Plastikbeutel füllen und mit dem Griff eines Teigrollers zerstoßen. Die Löcher in den Keksen mit je 1 gehäuften Teelöffel Bonbonkrümel füllen und in die Mitte ein rotes oder schwarzes Bonbon für die Pupille legen.

6. Die Kekse 15–18 Minuten im vorgeheizten Ofen backen, bis die Ränder goldbraun sind. Ein paar Minuten auf den Blechen abkühlen lassen, dann auf einem Kuchengitter vollständig auskühlen lassen.

3.

4.

5.

DINO-KLAUEN

Ergibt 24 Stück

Zutaten

1 Portion Grundteig
(s. Seite 5)

Zum Dekorieren

grüne und braune Pastenfarbe

100 g weiße Schokolade

Weitere Utensilien

Spritzbeutel

kleine Lochtülle

1. Zwei Backbleche mit Backpapier auslegen.

2. Dem Rezept für Grundteig (s. Seite 5) bis Schritt 3 folgen. In Schritt 4 mit einem Cocktailspieß nach und nach kleine Mengen grüne und braune Pastenfarbe zum Teig geben. Den Teig kneten und rollen, bis er schön gesprenkelt ist. Mit den Händen zu einer Kugel formen, in Frischhaltefolie wickeln und mindestens 10 Minuten in den Kühlschrank legen. Währenddessen den Backofen auf 180 °C vorheizen.

3. Den Teig auswickeln, in 24 Stücke teilen und jedes Stück zu einer 10 cm langen Rolle formen. Die Kekse mit genug Platz auf die Backbleche legen und mit den Händen leicht flach drücken. Für die vier Zehen am Ende der „Klauen" mit einem scharfen Messer drei Schnitte machen. Die Kekse 10 Minuten in den Kühlschrank legen.

4. Die Plätzchen 15–18 Minuten im vorgeheizten Ofen backen, bis die Ränder goldbraun sind. Ein paar Minuten auf den Blechen abkühlen lassen, dann auf einem Kuchengitter vollständig auskühlen lassen.

5. Eine hitzebeständige Schüssel auf einen Topf mit köchelndem Wasser setzen und die Schokolade darin schmelzen. In einen Spritzbeutel mit kleiner Lochtülle füllen und „Krallen" auf die Zehen spritzen. Vor dem Servieren fest werden lassen.

2.

3.

5.

FAUCH-TASTISCHE DINO-KEKSE

Ergibt 18 Stück

Zutaten

1 Portion Grundteig (s. Seite 5)

Zum Dekorieren

450 g Puderzucker

15 g neutrales Eiweißpulver

6 EL kaltes Wasser

gelbe, rote und violette Pastenfarbe

farbige, essbare Zuckerperlen

Weitere Utensilien

Stegosaurus-Ausstechform mit 15 cm Länge

3 Spritzbeutel

3 Spritzflaschen mit Lochtüllen

1. Drei Backbleche mit Backpapier auslegen.

2. Den Grundteig herstellen (s. Seite 5).

3. Den Teig auswickeln, zwischen zwei Stücke Backpapier legen und 5 mm dick ausrollen. Den Teig dabei ein paar Mal umdrehen. Mit der Ausstechform 18 Stegosaurier ausstechen und die Teigreste wenn nötig verkneten und nochmals ausrollen.

4. Die Kekse mit einem Palettenmesser auf die vorbereiteten Bleche legen und zwischen den Keksen etwas Platz lassen. Die Kekse 10 Minuten in den Kühlschrank legen und währenddessen den Backofen auf 180 °C vorheizen.

5. Die Kekse 15–18 Minuten im vorgeheizten Ofen backen, bis die Ränder goldbraun sind. Auf den Blechen abkühlen lassen. Als Vorbereitung auf Schritt 10 die Ofentemperatur auf 120–140 °C senken.

6. Für die Zuckerglasur den Puderzucker in eine große Rührschüssel sieben. Eiweißpulver und Wasser zufügen und mit einem Löffel glatt rühren. Mit einem Handmixer 3–4 Minuten weiterrühren, bis die Glasur eingedickt ist.

BUNTE DINOS

7. Die Glasur auf drei Schalen verteilen, dann mit Cocktailspießen nach und nach etwas gelbe Pastenfarbe in die erste Schale, rote Farbe in die zweite und violette Farbe in die dritte Schale geben. Rühren, bis die Farbe gleichmäßig verteilt ist. Je ein Viertel der drei Glasuren in getrennte Spritzbeutel mit kleiner Lochtülle füllen. Die restlichen Glasuren mit einem feuchten Geschirrtuch abdecken.

8. Auf die Plätzchen (auf den Blechen) am Rand vorsichtig eine Linie aus Glasur aufspritzen – je ein Drittel der Kekse in einer anderen Farbe. Die restliche Glasur für Schritt 11 in den Beuteln beiseitelegen.

9. Zu den restlichen Glasuren tröpfchenweise Wasser geben und jedes Mal kräftig aufschlagen, bis die Glasuren eingedickt sind. Dann in Spritzflaschen mit Lochtüllen füllen.

10. Die Flaschen mit der Spitze nach unten halten und die Kekse innerhalb der aufgespritzten Linie gleichmäßig mit der Glasur füllen. Immer eine zur Linie passende Farbe wählen. Die Kekse bei niedriger Temperatur im Ofen 40 Minuten trocknen, bis die Glasur hart ist.

11. Zum Schluss mit Kontrastfarben Punkte und Linien aus Glasur auf die Stegosaurier auftragen und mit einem Tupfen Glasur eine Zuckerperle als Auge aufkleben. Die Kekse vollständig auskühlen und die Glasur fest werden lassen.

TIPP!

Auch mit Streifen, Schuppen und Zacken dekoriert sehen die Stegosaurier hübsch aus.

SÜSSE MONSTER

DINO-SPUREN

Ergibt 20 Stück

Zutaten

1 Portion Grundteig (s. Seite 5)

Zum Dekorieren

½ EL Trinkkakaopulver

¼ TL Zimt

Weitere Utensilien

runder Ausstecher mit 8,5 cm Ø

großer Kunststoff-Dino, gut abgewaschen und abgetrocknet

2 feine Pinsel

1. Zwei Backbleche mit Backpapier auslegen.

2. Den Grundteig herstellen (s. Seite 5).

3. Den Teig auswickeln, zwischen zwei Stücke Backpapier legen und 5 mm dick ausrollen. Den Teig dabei ein paar Mal umdrehen. Mit der Ausstechform 20 Kreise ausstechen und die Teigreste wenn nötig verkneten und nochmals ausrollen. Die Kekse mit einem Palettenmesser auf die vorbereiteten Backbleche legen.

4. Die Füße eines Kunststoff-Dinos in die Kekse drücken und die Kekse 10 Minuten in den Kühlschrank legen. Währenddessen den Backofen auf 180 °C vorheizen.

5. Trinkkakaopulver und Zimt mischen. Die Spuren mit ein wenig Wasser bestreichen. Einen trockenen Pinsel in die Kakaomischung tunken und diese auf die Spuren streichen, damit sie echt wirken.

6. Die Plätzchen 15–18 Minuten im vorgeheizten Ofen backen, bis sie an den Rändern goldgelb sind.

7. Die Plätzchen ein paar Minuten auf den Blechen abkühlen lassen, dann auf einem Kuchengitter vollständig auskühlen lassen.

3.

4.

5.

DINO-PUZZLE-KEKSE

Ergibt 2 Puzzles

Zutaten

1 Portion Grundteig (s. Seite 5)

Zum Dekorieren

150 g Puderzucker

2 TL neutrales Eiweißpulver

2 EL kaltes Wasser

grüne und gelbe Pastenfarbe

1 EL rotes Johannisbeergelee

1 EL Wasser

gefärbter Zucker in 4 Farben nach Wahl

Weitere Utensilien

Dino-Puzzle-Ausstechform (erhältlich im Internet)

2 Spritzbeutel

1 feiner Pinsel

1. Zwei oder drei Backbleche mit Backpapier auslegen.

2. Den Grundteig herstellen (s. Seite 5).

3. Den Teig auswickeln, zwischen zwei Stücke Backpapier legen und 5 mm dick ausrollen. Den Teig dabei ein paar Mal umdrehen. Mit der Ausstechform 2 Dinos ausstechen und die Teigreste wenn nötig verkneten und nochmals ausrollen. Aus den Teigresten ein paar zusätzliche Baby-Dinos ausstechen.

4. Die Kekse mit einem Palettenmesser auf die vorbereiteten Blechen legen und dazwischen etwas Platz lassen. 10 Minuten in den Kühlschrank stellen und währenddessen den Backofen auf 180 °C vorheizen.

5. Die Kekse 15–18 Minuten im vorgeheizten Ofen backen, bis die Ränder goldbraun sind. Ein paar Minuten auf den Blechen abkühlen lassen, dann auf einem Kuchengitter vollständig auskühlen lassen.

6. Für die Zuckerglasur den Puderzucker in eine große Rührschüssel sieben. Eiweißpulver und Wasser zufügen und glatt rühren. Dann mit einem Handmixer 3–4 Minuten weiterrühren, bis die Glasur eingedickt ist.

GEZUCKERTE DINOS

Die Glasur halbieren, eine Hälfte gelb und die andere grün einfärben. Die Glasuren in zwei Spritzbeutel mit kleinen Lochtüllen füllen.

7. Entlang der Ränder der Kekse abwechselnd grüne und gelbe Glasurlinien aufspritzen und fest werden lassen.

8. Für die Dekoration Johannisbeergelee und Wasser in einem kleinen Topf bei geringer Hitze unter Rühren schmelzen. Vom Herd nehmen und leicht abkühlen lassen. Den gefärbten Zucker in getrennte Schalen füllen.

9. Mit einem feinen Pinsel jeden Keks mit dem Johannisbeer-„Kleber“ bestreichen, über eine der Schalen halten und mithilfe eines Teelöffels mit dem Zucker bestreuen. Überschüssigen Zucker abschütteln, sodass er wieder in die Schale fällt. Dabei die Farben immer abwechseln.

10. Den restlichen Farbzucker zu einem Regenbogenzucker vermischen. Die Baby-Dinos mit Johannisbeer-„Kleber“ bestreichen und mit Regenbogenzucker bestreuen. Vor dem Servieren fest werden lassen.

TIPP!

Ein großes Plätzchenpuzzle ist eine tolle Alternative zum Geburtstagskuchen.

BACK
EIN KEKS-
PUZZLE!

DINO-WISSEN
Die Zähne vom T-Rex waren so groß wie Bananen …
… UND ER HÄTTE EINEN GANZEN MENSCHEN VERSCHLINGEN KÖNNEN.
Das Gehirn des Stegosaurus war so groß wie eine Walnuss.

WISSENSCHAFTLER GLAUBEN, DASS VÖGEL DIE DIREKTEN NACHFAHREN DER DINOSAURIER SIND.
„Dinosaurier“ bedeutet SCHRECKLICHE ECHSE.

SANDWICH-DINOS

Ergibt 14 Stück

Zutaten

100 g weiche Butter
100 g Zucker
100 g brauner Zucker
1 großes Ei
1 TL Vanilleextrakt
175 g Mehl
½ TL Backpulver

Zum Dekorieren

200 g Marshmallow Fluff (Fertigprodukt)
bunte Mini-Liebesperlen
28 Schokodragees für die Augen

Weitere Utensilien

Spritzbeutel mit Lochtülle

1. Den Backofen auf 180 °C vorheizen und drei Backbleche leicht einfetten.

2. Butter, Zucker, Ei und Vanilleextrakt in einer großen Schüssel mit einem Handmixer zu einer hellen, lockeren Masse verrühren. Mehl und Backpulver hineinsieben und alles mit einem Holzlöffel zu einem weichen Teig vermengen.

3. Den Teig mit zwei nassen Teelöffeln in 28 gleich große Stücke teilen und mit viel Abstand dazwischen auf die Backbleche legen. Jeden Keks mit den Fingerspitzen leicht flach drücken – sie laufen beim Backen noch weiter auseinander.

4. Die Kekse 15 Minuten im vorgeheizten Ofen backen, bis die Ränder goldbraun sind. Auf den Blechen vollständig auskühlen lassen.

5. Zum Dekorieren das Marshmallow Fluff umrühren, um es aufzulockern. Die Liebesperlen in eine kleine Schale füllen. 2 Esslöffel Marshmallow Fluff für Schritt 7 beiseitestellen.

DRÜCK SIE PLATT!

6. Etwa 1 Teelöffel Marshmallow Fluff auf einen Keks geben und gleichmäßig verteilen. Einen zweiten Keks aufsetzen und am Rand leicht kippen, damit das Marshmallow Fluff an der gegenüberliegenden Seite etwas herausquillt. Das herausgequollene Marshmallow Fluff in die Liebesperlen tauchen. Das Gleiche mit den restlichen Plätzchen wiederholen und auf diese Art 14 Dino-Köpfe herstellen.

7. Das beiseitegestellte Marshmallow Fluff in einen Spritzbeutel mit Lochtülle füllen. Auf jeden Keks für die Augen zwei Tupfen aufspritzen und je ein Schokodragee hineindrücken. Sofort servieren oder in den Kühlschrank stellen und innerhalb von 3 Stunden essen.

TIPP!

Für einen würzigeren Touch noch etwas Zimt oder Ingwerpulver unter den Plätzchenteig rühren.

KÖSTLICHE
KULLERAUGEN!

DINO-EIER AM STIEL

Ergibt 16 Stück

Zutaten

1 Portion Grundteig (s. Seite 5)

Zum Dekorieren

500 g weißer Fondant

4 Pastenfarben, rot, gelb, blau und grün

Puderzucker, zum Bestäuben

Tubenzuckerguss oder Lebensmittelstifte, zum Bemalen

Weitere Utensilien

ovale 8,5-cm-Ausstechform (für die Kekse)

16 Papier-Lutscherstiele

ovale 6-cm-Ausstechform (für den Fondant)

1. Drei Backbleche mit Backpapier auslegen.

2. Den Grundteig herstellen (s. Seite 5).

3. Den Teig auswickeln, zwischen zwei Stücke Backpapier legen und 5 mm dick ausrollen. Den Teig dabei ein paar Mal umdrehen. Mit der 8,5-cm-Ausstechform 16 Eier ausstechen und die Teigreste wenn nötig verkneten und nochmals ausrollen.

4. Die Kekse mit einem Palettenmesser auf die vorbereiteten Backbleche legen und dazwischen genug Platz für die Lollistiele lassen. Ein Ende eines Lollistiels in Wasser tauchen, vorsichtig in den unteren Rand eines Plätzchens stechen und bis in die Mitte des Plätzchens schieben. Das Gleiche mit allen Keksen und Stielen wiederholen. 10 Minuten in den Kühlschrank legen und währenddessen den Backofen auf 180 °C vorheizen.

5. Die Kekse 15–18 Minuten im vorgeheizten Ofen backen, bis die Ränder goldbraun sind. Ein paar Minuten auf den Blechen abkühlen lassen, dann auf einem Kuchengitter vollständig auskühlen lassen. Als Vorbereitung auf Schritt 10 die Ofentemperatur auf 120–140 °C senken.

BABY-DINOS SCHLÜPFEN!

6. Vom Fondant vier Teile à 60 g abnehmen und rot, gelb, blau und grün einfärben. Dazu nach und nach mit einem Cocktailspieß ein wenig Farbe zufügen und gut unterkneten. Sofort verwenden oder in Frischhaltefolie wickeln.

7. Eine saubere Arbeitsfläche mit Puderzucker bestäuben und den Fondant darauf gleichmäßig 2 mm dick ausrollen. Mit dem 6-cm-Ausstecher von jeder Farbe je vier Eier ausstechen. Auf einer Seite leicht mit Wasser befeuchten und auf die Kekse am Stiel legen.

8. Dann den restlichen weißen Fondant ausrollen und daraus mit dem 8,5-cm-Ausstecher 16 Eier ausstechen. Aus den Eiern in der Mitte mit einem Messer ein gezacktes Stück ausschneiden. Dort ist später der schlüpfende Dino zu sehen. Den Fondant auf den Keksen mit Wasser anfeuchten und die gezackten Eier oben auflegen.

9. Aus weißem Fondant und Tubenzuckerguss Augen basteln und an den Baby-Dino kleben.

10. Alle Kekse auf die Backbleche verteilen und bei niedriger Temperatur im Ofen etwa 40 Minuten trocknen und fest werden lassen. Vor dem Servieren auf einem Kuchengitter vollständig abkühlen lassen.

TIPP!

Tubenzuckerguss ist fertig angerührter, farbiger Zuckerguss, mit dem man schreiben und malen kann.

LOLLIS ZUM KNUSPERN!

FOSSILIEN-KEKSE

Ergibt 18 Stück

Zutaten

1 Portion Grundteig (s. Seite 5), dafür jedoch nur 375 g Mehl verwenden

25 g ungesüßtes Kakaopulver

Zum Dekorieren

1 EL essbares Bronzepulver

Weitere Utensilien

Kunststoff-Insekten, -Dinos und -Eidechsen, gut abgewaschen und abgetrocknet

1 feiner Pinsel

1. Zwei große Backbleche mit Backpapier auslegen.

2. Den Grundteig herstellen (s. Seite 5), dabei jedoch das Kakaopulver mit dem Mehl in den Teig sieben.

3. Den Teig auswickeln und in 18 walnussgroße Kugeln teilen. Die Teigkugeln mit etwas Abstand auf die Backbleche verteilen und mit den Handflächen flach drücken, bis sie etwa 2 cm dick sind.

4. Ein Kunststofftier in den Teig drücken und wieder herausnehmen. So bleibt ein Abdruck. 10 Minuten in den Kühlschrank stellen und währenddessen den Backofen auf 180 °C vorheizen.

5. Die Kekse 15–18 Minuten im vorgeheizten Ofen backen, bis die Ränder fest sind. Ein paar Minuten auf den Blechen abkühlen lassen, dann auf einem Kuchengitter vollständig auskühlen lassen.

6. Zum Dekorieren das Bronzepulver mit einem feinen Pinsel auf die Abdrücke auftragen. So treten sie deutlicher hervor.

3.

4.

6.

DINO-KNOCHEN-KEKSE

Ergibt 14 Stück

Zutaten

1 Portion Grundteig (s. Seite 5)

Schokoladenfüllung

50 g Milchschokolade

Für die Schokoladencreme

250 g weiße Schokolade

100 g Sahne

Weitere Utensilien

10–12-cm-Knochen-ausstechform

1. Zwei Backbleche mit Backpapier auslegen.

2. Den Grundteig herstellen (s. Seite 5).

3. Den Teig auswickeln, zwischen zwei Stücke Backpapier legen und gleichmäßig 5 mm dick ausrollen. Den Teig dabei ein paar Mal umdrehen. Mit der Ausstechform 28 Knochen ausstechen und die Teigreste wenn nötig verkneten und nochmals ausrollen.

4. Die Kekse mit einem Palettenmesser auf die vorbereiteten Bleche legen und zwischen den Keksen etwas Platz lassen. 10 Minuten in den Kühlschrank legen und währenddessen den Backofen auf 180 °C vorheizen.

5. Die Kekse 15–18 Minuten im vorgeheizten Ofen backen, bis sie an den Rändern goldgelb sind. Aus dem Ofen nehmen, ein paar Minuten auf den Blechen abkühlen lassen, dann auf einem Kuchengitter vollständig auskühlen lassen.

6. Für die Schokoladenfüllung die Schokolade in Stücke brechen. Eine hitzebeständige Schüssel über einen Topf mit leicht köchelndem Wasser setzen und die Schokolade darin schmelzen. Vom Herd nehmen und leicht abkühlen lassen, bis sie angedickt ist.

3.

NICHTS FÜR HUNDE!

7.

8.

7. Einen Keks mit etwas Schokolade bestreichen, dann einen zweiten Keks auflegen. Das Gleiche mit den anderen Keksen wiederholen, bis 14 gefüllte Knochen fertig sind.

8. Für die Glasur die weiße Schokolade in Stücke brechen und mit der Sahne in eine hitzebeständige Schüssel geben. Die Schüssel über einen Topf mit leicht köchelndem Wasser setzen und die Schokolade darin schmelzen. Die Schüssel vom Topf nehmen und die gefüllten Kekse in die geschmolzene Schokolade tunke, dabei die Glasur mit einem Teelöffel gleichmäßig verteilen. Überschüssige Glasur auf einem Kuchengitter abtropfen lassen.

9. Die fertigen Dino-Knochen auf ein mit Backpapier ausgelegtes Backblech legen und an einem kühlen Ort fest werden lassen.

TIPP!

Schokolade nie direkt im Topf schmelzen! Dabei kann sie klumpig werden oder verbrennen.

MIT KÖSTLICHER
FÜLLUNG!

AUSBRECHENDER VULKAN

Ergibt 12 Stück

Zutaten

100 g weiche Butter, plus etwas mehr zum Einfetten

100 g Zucker

100 g Rohrzucker

1 großes Ei

1 TL Vanilleextrakt

150 g Mehl

25 g ungesüßtes Kakaopulver

½ TL Backpulver

Schokoladensauce

200 g Sahne

2 EL Milch

100 g Vollmilchschokolade, gehackt

Zum Servieren

600 g Vanilleeis (Fertigprodukt)

essbare Gold- und Silbersterne

Weitere Utensilien

Muffin-Form mit 12 Vertiefungen

Minikerzen

1. Den Backofen auf 180 °C vorheizen. Eine Muffinform mit 12 Vertiefungen einfetten.

2. Butter, Zucker, Ei und Vanilleextrakt in einer großen Schüssel mit dem Handmixer zu einer hellen, lockeren Mischung verrühren. Mehl, Kakaopulver und Backpulver hineinsieben und alles mit einem Holzlöffel zu einem weichen Teig vermengen.

3. Den Teig mit einem nassen Teelöffel in 12 Portionen teilen und in die Muffinform geben. Den Teig an den Seiten hochdrücken, die Ränder sollten schön ungleichmäßig aussehen.

BLUBBER, BLUBBER

4. Die Kekse 15–18 Minuten im vorgeheizten Ofen backen, bis die Ränder fest sind. In der Form 5 Minuten abkühlen lassen. Die Muffins rundum mit einem Palettenmesser aus der Form lösen und auf einem Kuchengitter vollständig auskühlen lassen.

5. Für die „Lava"-Sauce Sahne und Milch in einem Topf fast zum Kochen bringen. Vom Herd nehmen, die Schokolade hineingeben und unter Rühren schmelzen. Beiseitestellen und warm halten.

6. Zum Servieren einen heißen Keks-„Vulkan" auf einen Teller setzen, mit einer Kugel Vanilleeis füllen und mit „Lava"-Sauce übergießen. Mit essbaren Gold- und Silbersternen bestreuen. Zum Schluss Kerzen in die Eiskugeln stecken und vorsichtig anzünden. Mit angezündeter Kerze servieren, das ist besonders effektvoll!

TIPP!

Man kann die gebackenen Kekse gut einfrieren. Einfach auftauen und im Backofen bei niedriger Temperatur aufwärmen.

MIT SCHOKO-
LAVA!

Dino-Skelett-Kekse

Ergibt 28 Stück

Zutaten

200 g weiche Butter
150 g Rohrzucker
1 großes Ei
2 EL Melasse
400 g Mehl
½ TL Ingwerpulver
½ TL Zimt

Zuckerglasur

150 g Puderzucker
2 TL neutrales Eiweißpulver
2 EL kaltes Wasser

Weitere Utensilien

verschiedene Dino-Ausstechformen
Spritzbeutel mit Lochtülle

1. Zwei Backbleche mit Backpapier auslegen.

2. Butter und Zucker in einer großen Rührschüssel mit dem Handmixer cremig rühren. Ei und Melasse zufügen und kurz untermengen.

3. Mehl, Ingwerpulver und Zimt hineinsieben und alles mit einem Holzlöffel zu einem groben Teig verrühren. Mit den Händen zu einer Kugel formen, in Frischhaltefolie wickeln und mindestens 10 Minuten in den Kühlschrank legen.

4. Den Teig zwischen zwei Stücke Backpapier legen und 5 mm dick ausrollen. Den Teig dabei ein paar Mal umdrehen. Mit den Dino-Ausstechformen 28 Dinos ausstechen und den Teig wenn nötig verkneten und nochmals ausrollen.

5. Die Kekse mit einem Palettenmesser auf die vorbereiteten Bleche legen und dazwischen etwas Platz lassen. 10 Minuten in den Kühlschrank legen. Den Backofen auf 180 °C vorheizen.

DINO-SKELETTE

6. Die Kekse 15–18 Minuten im vorgeheizten Ofen backen, bis die Ränder goldbraun sind. Ein paar Minuten auf den Blechen abkühlen lassen, dann auf einem Kuchengitter vollständig auskühlen lassen. Als Vorbereitung auf Schritt 9 die Ofentemperatur auf 120–140 °C senken.

7. Für die Zuckerglasur Puderzucker und Eiweißpulver in eine Schüssel sieben, das Wasser zugießen und alles mit einem Holzlöffel vorsichtig glatt rühren. Mit dem Handmixer 3–4 Minuten weiterrühren, bis die Glasur eingedickt ist.

8. In einen Spritzbeutel mit kleiner Lochtülle füllen und damit Skelette auf die Kekse spritzen.

9. Die Kekse auf Backbleche verteilen und im Ofen bei niedriger Temperatur etwa 40 Minuten trocknen. Aus dem Ofen nehmen, ein paar Minuten auf den Blechen abkühlen lassen, dann auf einem Kuchengitter vollständig auskühlen lassen.

TIPP!

Beim Aufspritzen der Skelette immer mit Rückgrat und großen Knochen beginnen, dann mit den kleineren Knochen fortfahren.

SKELETTE ZUM ANBEISSEN!

This edition published by Parragon Books Ltd
LOVE FOOD is an imprint of Parragon Books Ltd

Parragon Books Ltd
Chartist House
15–17 Trim Street
Bath BA1 1HA, UK
www.parragon.com

Rezepte: Jane Lawrie; Fotografien: Noel Murphy; Layout: Karli Skelton

Realisation der deutschen Ausgabe:
trans texas publishing services GmbH, Köln
Übersetzung: Melanie Schirdewahn, Köln

ISBN 978-1-4723-7559-9
Printed in China

Hinweis
Sind Zutaten in Löffeln angegeben, ist immer ein gestrichener Löffel gemeint: Ein Teelöffel entspricht 5 ml, ein Esslöffel 15 ml. Sofern nicht anders angegeben, wird Vollmilch (3,5 % Fett) verwendet. Eier sind von mittlerer Größe. Garnierungen, Dekorationen und Serviervorschläge sind optional und nicht unbedingt in der Zutatenliste oder Anleitung angegeben.
Kinder sollten in der Küche immer von einem Erwachsenen beaufsichtigt werden, insbesondere wenn Sie mit Messern oder anderen scharfen Gegenständen sowie elektrischen Geräten hantieren.